JN410930

금강초롱꽃

임완자 시조집

인지
생략

들꽃시선 108
금강초롱꽃

지은이/임완자
펴낸이/문창길
초판인쇄/2010년 2월 15일
초판펴냄/2010년 2월 20일
펴낸곳/도서출판 들꽃
주 소/100-273 서울 중구 필동3가 28-1 서울캐피탈빌딩 B202호
전 화/02)2267-6833, 2273-1506
팩 스/02)2268-7067
출판등록/제5-313호(1992. 5. 15)
E-mail:dlkot108@hanmail.net

값 7,000원
* 파본된 책은 바꾸어 드립니다.

ISBN 978-89-6143-140-8 04810
ISBN 978-89-951327-0-8(세트)

들꽃시선 108

금강초롱꽃

임완자 시조집

들꽃

| 자서 |

시혼의 둘레에 머물면서 삶을 가꾸는 것처럼 또 다른 행복이 있을까. 나는 시와의 만남, 시조와의 만남을 통해 우리네 삶의 울안에 고인 정과 사랑으로 호흡하며 고백하고 싶었다.

세월의 무게만큼 아픔이 있다고 해도 그 아픔의 이랑에서 그리움과 사랑과의 소통을 위해 생활의 울 밑을 가꾸는 일은 퍽이 행복한 일이다 생각한다.

우리의 문학인 시조의 꾸밈에 마음이 앞서 시조집 『금강 초롱꽃』을 엮게 되었다. 이 책을 만들기까지 여행과 쓴 소리로 격려와 위로를 또 용기를 준 나의 사랑하는 가족에게 고마움을 전하고 싶다. 또 버팀목이 되어준 시여울문학동인 문우들에게도 감사의 마음을 전한다.

아울러 작품해설을 써 주신 채수영 선생님과 도서출판 〈들꽃〉 문창길 대표님과 임직원께 감사의 뜻을 덧붙인다.

2010 정월에

임 완 자

| 금강 초롱꽃 |

차례

제1부 : 금산사의 청죽

제2부 : 대아리 산가

| 금강 초롱꽃 |

제3부 : 봉숭아꽃

제4부 : 안면도의 봄맞이

| 금강 초롱꽃 |

제5부 : 취향정

제 1 부

금산사의 청죽

가을아

한 잔의 멋 우려 낸
사랑 맞아 타오르는 뜰

행간을 오가는 정
속절없이 지나간다

달마중 가을 잎새가
그리운 속살 태우려나

갈대꽃 우거진 들녘

윤기나는 머리결로
태어나는 꿈이거니

저 강둑
휘파람 소리
가을 언덕에 오르는데

빈 자리
허수아비에
동그랗게 남는 꿈.

갈대의 춤

서녘 햇살 젖은 갈대
계절을 감출 수 없어

포실한 강가 돌아
포효하듯 뱉는 오열

허리춤 매달린 뜻이
점화하듯 덧난다

물비늘 비집듯
춤사위 현란한데

원무 휘느리고
하늘 풍경 띄우는데

시작과 끝의 배경이
남아 도는 곰나루터

계화도의 깃발

그렇듯 파득임 소리
들내음 지게에 얹고

그물진 바람의 인연
떨다 만 부표인데

난간에 부서진 노을
놓치 못할 아픔여

고구마 꽃

풀여치 촐싹이듯
동심의 맑은 웃음

담밖으로 내닫고
언덕에 오르면

어머니
고운 손길에
해 맑은 웃음이 있다

고향의 강

유년의 강바람
나무 끝에 머물었다

멱감던 동심의 추억
꿈들이 아스라하다

그 물길 기다림없이
고향의 강나루 탄다

광한루기

겹처마 두른 누각
천년 사랑이 애닯다

초연한 달 그림자
오작교 앞서 간다

흰 세월 빈 들에 누워
그네 줄을 넘본다

구절초 사랑

하늘은 바람을 풀어
서릿빛 풍물을 걸고

만경대 오르다
무심으로 떨어진 벼랑

내 유년 꿈이 흐르고
마디마디 사연 풀다

비밀리에 젖은 사랑
또 한숨으로 묻혀 있나

구름을 이고 머무는
옥정호의 꽃인데

해맑은 눈으로 지킨
사랑으로 전송한 자리.

국화꽃

먹빛 뿌린 산등성
굴곡진 삶이거니

앞서거니 님의 숨결
바람으로 그을리고

국화꽃 향기 흩날려
풍경 운다 하였나.

그 소리의 정원

청죽의 굳은 절개
물그림자에 떨고는

산바람 벗 삼아
한 세월 읊조리니

그 숨결 고운 정만이
토담을 넘어오네.

그대에게

따스한 말 한마디에
마음은 눈처럼 희다

무언의 속삭임으로
작은 풀꽃이 되었지.

시샘 속 서성인 날
강바람에 얼렸지
내 마음 씻어 보낸
유유히 나르는 노래
한 줄기
소나기 없은
구름처럼 헤매다가

그리움 안고 걸었다
풀꽃 같이 얼렸다

그리움 남겨두고

기억의 강 저편에
그대마저 떠나가고

가슴엔 그리움의
흔적이 쌓였는데

봄꽃에 눌린 설움이
청솔에도 걸렸다.

그리움의 연가

풀빛마다 지샌 자리
인정이 따로 논다

갈잎에 스친 바람
시름 없어 떨고는

빗날에 오가는 풍경
그리운 강 흐른다.

금강 초롱꽃

초가 삼간
둘러 앉힌
돌담길 사이였다

봄바람이 맴돌면
억겁의 세월 뜨고

이끼가 처연스럽게
무심을 불러 날랐다

가냘픈 어깨마져
추스림도
버거움도,

싸리문 밖
초롱불 밝힌
눈 먼 기다림

오누이 혼으로 돋은
초롱꽃을 보러간다.

금산사의 청죽

옹이 진 가지 끝
굽이도는 모악산이

십선도 외치는 꿈
당간지주에 머물고

청죽에 이는 숨결이
선 이슬 떨군다.

마음에 업보 얹고
다소곳 숨 모으면

깨어나는 한 세월
감로수에 젖는 인연

산상에 내리는 까닭
풍경으로 알린다.

꽃이 필때면

물안개 스멀스멀 감싸온 자리었다

첫 열매 쇾아주랴
웃음 꽃 다둑이랴

피붙이 나눈 정이사
속적삼에 젖었네

산새들 울음에도
사무 친 어미의 노래

그리움이 묻어나면
어미 꽃 피고 지고

솔바람 타고 노닐까
꽃바람
향기 없네

나목의 그림자

꽃비에 움추린 채
세월을 여민
흔적 걸려

꽃눈 벙그는 마음
잎이 피려나
꽃이 피려나

돋아난 그리운 자리
헐벗은 바람 간다

나포 십자뜰

홀연한
생의 날개
노을녘에 숨으랴

유년의
꿈결에 스친
달빛이 솟구치랴

십자뜰
안은 강바람
설화로 떠는 자리랴

제2부

대아리 산가

낙엽이 전하는 말

하늘 길 높아져
샛털 구름 머뭇대다

가로수 사잇길에
바람결 갸웃대다

낙엽이 소식 전하면
인연 고백 서두른다

내 마음의 풍경

마음의
높낮이를
고르고 다스리자

거듭나는
숨결인데
처연히 빛나는데

내 마음
풍경을 띄워
구원의 강 건너가자.

녹차꽃

선운사 바람 분다
녹차밭 향기 나르랴

푸른 꿈 돋아난 삶
뜨락을 키우는데

꽃빛이 나부끼는가
뜰을 쓸고 있어라

눈꽃길

소설로 가는 길목
눈꽃이 피어난다

나목에 앉은 눈꽃
시린 볼 부벼댄다

부신 듯 아픈 정이사
눈물샘이 흐른다

눈마중 가자

은행잎 뒹구는 날
거리를 헤매어도

한아름 보듬어
하늘에 날려도 된다.

꿈처럼 돋아난 곳
별꽃 쫓아 마중 가자

짧은 포옹 긴 이별
헤매다 뒹글으랴

사립문 열고 나서
눈길을 밟아 보랴

겨울새 날아들거든
님 마중 나서 보랴.

능소화의 그리움

눈가에 그렁한
목울음 삼키거니

구름과 바람이
동행하며 지피더니

목소리 토담을 넘어
다소곳이 오시려나

귀 세운 불면으로
웅크린 그림자

새긴 아롱진 정념
불꽃처럼 태우는데

저 피안 찰나에서도
고운 빛 떨구는
넋.

님의 노래

진초록 잎새 위로
바람결 솟구치면

놀란 가슴 부벼대는
해오라기 울음 있었다

그 풍경 놀빛 여민다
님의 옷깃 수 놓네.

달맞이꽃 · 1

별자리 찾아 헤매다
바람결에 스친 향기

열대야도 사위었네
달빛 안은 풀잎새

밤풍경 터지는 꽃술
노래로 맺은 이슬여.

대아리 산가

빛바랜 옥양목처럼
휘감긴 형틀이다

산굽이 돌아가는
소롯한 옛길인데

가끔씩 그림자 져서
꽃숲 향기가 울었었다

투명한 감빛 감겼다
햇살이 빗겨간 자리

눈을 꼬옥 감으면
고향의 산빛 무심한데

참참이 훔친 강줄기
산 그림자로 갇혔다.

도라지꽃 연가

뻐꾸기 홀로 울때
언니와 손잡고 간다

무리진 언덕빼기
유년의 향기 돋고

소슬한 바람 타고 온다
초록의 사연을 들고.

들국화 · 5

그림자 진 그대 눈빛
새겨보는 아린 마음

서리꽃 진한 웃음
길섶에 이는 꽃넋

거듭난 인연의 굴레
서리서리 얽힌다.

운명의 수레바퀴
뜨다 홀로 지고

절절이 서린 빛무덤
뜰을 쓸고 놀더니만

한 줄기 시름의 끈을
느리는가
돋는다.

만경강 어귀에서

강어귀 바람처럼
헤집어 놓은 심사였다

흔들다 못해 손 놓아
쏟아지는 연가였다

내 맘도
일렁이게 하고는
시름 없은 자리였다.

망해사의 느릅목

굴곡진 삶
어떠냐고
느릅목 울 때 마다

풍경도 따라 울고
서녘 바다 바람 젖고

갈매기 물때 따라서
범종처럼 울더라.

망향 · 3

바람소리
울안 가득
흔적마저 떨더니만

동화의
저쪽 자리
그리운 강 흐르더니

인연이
타오르는 풍경
얹혀 있는 곳이었네.

매화길

매화 지피었다
꿈자락 늘이던가

언덕을 오르다가
밤별이 돋아오면

회억의 안자락 하나
끄시면서 걸을까.

모란꽃

그 빛살 아롱져와
들러리 선 초당가

홀치던 마음 열어
단아한 모란 아씨

비집은 품새 바람이
향기 걸어 울린다.

무량사에서

님을 향한 그리움
세속에 묻어 두고

소슬한 바람소리
뜨락이 아스라한데

도량에 얹힌 마음
인연만 오고 간다.

민달팽이의 노래

새벽 바람
이슬에도 밀려 간 모양이다

잠깐 조는 동안에도
정체는 어디에 있나

혀 끝이 말리는 아픔
한낮의 애상곡이여

민들레의 영토

한소큼 바람 되어
꿈길로 서리었다

여유로 깨어나는
바람꽃 작은 영토

길섶에 묻어난 향기
노래보다 곱더라.

제 3 부

봉숭아꽃

적벽강에서

시절은 밀려 와
발자국만 남긴 채

세월에 부딪쳐
잉태하는 신음인데

전설로 풀어낸 꿈이
소용돌인가
떨림인가.

생의 굴곡이 묻혀
앙금처럼 다져진다.

꿈자락 끝
등선으로 피는 땀방울인데

가슴속 묻힌 눈물이
물결치듯 홀로 운다.

바람이 머문 언덕

흙바람 씻긴 역사
기원에 얹힌 세월

잿빛 꿈 전설 너머
휘돌아간 숨결인데

노을 띈 나목 끝자락
다순 마음 서두르네.

바람이 전하는 말 · 1

한때 울렁거렸다
님이 온다 전해 줘서

바람이 손짓했다
님이 왔다 말해 줘서

마음이 먼저 와 있다
님의 표정 보고 싶어.

바래봉 철쭉

달빛 품은
만삭의
꽃자리 만나보자

심연의 늪지대에
안락의 꿈을 펴자

그 삶의
이랑을 타 듯
꼭지점에 맴도랴

백화정에서

설움에 물든 꽃잎
물빛에 어린 탓에

휘돌던 바람에도
선바위 앉아
세월을 얹고

난간에 기댄 노을이
님의 흔적에 떨더라.

보라카이 섬

산호초 부서져내린
백사장 넓은 광장

원무 추듯 야자수 그늘이 구성지다

밤별이 내려와 논다
고향초를 부른다.

봄날에는

소나무 밭을 걸어보자
꽃눈밭을 걸어보자

봄빛이 무르익고
경포대의 해풍이 인다

속깊은 얘기도 줍고
발자욱도 남겨놓자

봄의 소리

아마, 물안개 지핀
기침 소리 일거야.

강 언덕 건불 더미
햇살 피어 오르면

밤별이 떨구는 숨결
노래 소리 일거야.

돋아난 강 너울
정령치를 쉬어 넘고

투명한 노을 얹어
꽃빛 태운 속삭임

그러이 꽃눈 틔운 날
마음 안고 있는 거야

봉숭아꽃

1
초가 마당 한 귀퉁이
한 낮은 적막하고
키 재기 하는 장독대
졸음에 겨운 사이
시누대 사그락 떠는
여름도 그렇게 간다.

재잘거리는 햇살
조약돌 반짝이면
봉숭아꽃 톡 터져
그 음향 청아한데
청잣빛 하늘도 곱다
맑은 웃음 소리다.

달빛은 사위어 가듯
비껴간 날 언제인가
호롱불 사그라지 듯

뒤척인 지 오랜데
붉은 혀 내 놓고는
끄스름을 달랜다.

2
꽃잎 잉끄리어
손톱에 물들이면
아프고 아리어야
예뻐진다는 손가락
여인네 흰 속곳 바람은
봉숭아꽃빛 되었다.

여린 가슴 다독인
손길도 뿌리치고
철없이 흘겨보았던
속눈썹에 맺힌 시름

남몰래 훔쳐보는데
수줍음도 곱더라.

살갗 시린 삼베 이불
까실은 정 서러운데
꽃물 싸 맨 실끄트머리
그 붉고 애린 마음
유년의 뜰은 고왔다
금이 처럼 예뻤다.

블루 마운틴

푸른빛 열연일라
사랑의 향연일라

억겁의 시간 좇아
유칼립투스 빛으로 쌓고

자매봉 아득한 전설
푸른 안개에 젖더라

산메아리 슬며시
붉은 빛 토한 성전

수직으로 낙하하는
천년세월 뿌릴건데

푸른빛 타오르는가
산화하는 내 사랑.

비가

사무친 그리움의
뜨락을 거닐었다

둥떠미는 바람도
꿈 길게 들이었다

단풍진 마음의 넝쿨
휩쓸리고 있더라

사구에 핀 꽃 · 1

남태평양 푸른 물결
써레질의 노래를 줍자

세월의 질곡을 쌓고
전설의 탑을 이루고

생멸의 모래 언덕에
설움으로 돋는 꽃

유년의 추억을 캐는
이국의 울안인데

샌드비치 해변은
노래 키운 자리인데

정열의 꽃이었던가
사무치는 바람소리.

사랑의 서설

그토록 서러운 세월
툇마루에 오르다가

보랏빛 여는 새벽
첫울음 토한 자리

저릿한 아픔 뒤에 와서
사랑으로 맺은 인연

제 자리 떨군 달빛
세상 구경 이른다

한,두잠 나비의 꿈
여명으로 돋는 빛

꽃길을 더듬어간다
한참 웃는 배냇짓.

산길 풍경

일주문 없는 산사 그 풍경을 따르랴
대숲 둘러 선 산자락 끄시며 이른다
저만큼 탑신 하나가 바람 젖어 떨더라

솔가지 꽃등 달고 청심으로 모으랴
꿈을 켠 빛줄기 스산한 기운 돈다
그 누가 인고의 벽을 타오르고 있는가

산사에서

등 잘린 거목인가
한 세월 앉았어라

먹바위 뛰넘는 늪
기원의 호심여라

외침만 무심하더니
굽이도는 산줄기

산수유 꽃

지리산 능선 엮어
계류 따라 피고진다

저 금빛 너울너울
앙가슴 지핀 향기

여인네 앞자락 품어
꽃바람이 일더라.

생명 나무

혼돈의 시간 속에
여울지는 성터에서

혈즙 찍어 바른 고난의 세월 묻고

서문 밖 애절한 소망
회한에 덧나 있다

석류의 눈물

벌어진 입술 사이
엇박자로 노니다가

붉은빛 피우면서
속내를 맡겨 놓고

제 풀에
울던 석류알
시나브로 떨더라.

선암사의 복사꽃

선암사 풍경소리
복사꽃으로 하늘댄다

겹겹이 포갠 입술
꽃가루 흩날리면

바람은
저 홀로 떠돌다
봄소식을 엮는다.

제
4
부

안면도의 봄맞이

선운사 뜰

동박새 울다 여윈
눈물 한 점 주워보랴

저 너머 부도 밭
내려놓은 인연인데

바람이 옷깃을 여며
부여잡은 풍경여.

섬돌에 선 금낭화

한 발짝 내 딛는 걸음
단아한 꿈으로 있다

섬돌 틈에 끼여
부벼우는 목소리인데

울 안에 갇힌 노래가
빛살로 와 곱더라.

섬진강

너울대는 저 강가
흔들리는 갈대숲이

강이랑은 끝없이
이야기로 지즐댄다

강물은 그림자 안고
제 풀 겨워 시름한다

수선화의 꿈

움트는 자리엔가
촉수로 내리거니

살얼음 딛은 전설
열두 폭 병풍 두르랴

저 세상 초롱한 빛살
기다림을 띄우랴.

쉼터

마주잡고 싶은 기억
주고 받는 마음 자리

오는 정 묻지 않고
가는 정 잡지 못해

봄빛이 떠 오른다네
풍경 젖은 내 쉼터.

시샘의 강

시샘으로 겨운 밤
꽃바람
맴도는 강

벽류 속
능숙한 몸짓
한 참씩 떨더니만

물빛에 고인 세월이
처얼철
넘치더라.

실개천 지나다

빗날이 오갈 때는
꼬옥 햇살 끼우고는

실개천 부풀 때는
물풀도 스물댄다

저 멀리 청산이거니
구름 놀다 가더라.

아침 이슬

이 밤사 그물치랴
기다림을 엮으랴

한 켠에 빗긴 햇살
방울방울 흔들다

내 맘을 한껏 얼리랴
붙칠 수 없는 그림벽

안면도의 봄맞이

싸안은 봄바다
꽃물일까
눈물이까

동산에 오른 휘파람
나부끼는 깃발일까

머물던 풀빛 망부석
바람젖어 떨었다.

사무치 듯 그리운
숨죽인 꿈조각 일까

그 설편, 파문의 빛
할머니의 애절함일까

눈빛이 너무 고와서
꽃빛 쓰는 안면도

약속

새벽을 주고 받는
웃음꽃 피는 사연

손깍지 엮은 사랑
두 배로 넘긴 약속

새소리 창공을 나른다
가르며 우짖는다.

억새꽃과 강물

억새꽃 피어나면
가을 숨소리 들린다

기억의 사무침
저 강물에 씻어낸다

내 손에 푸른 물줄기
스쳐가듯 흔들린다

여름밤의 꿈

청록빛 푸른 이랑
거기가 꿈의 자리

벼이삭 알품은 뜻
삶을 묻고
얼린 곳

연모의 정한을 두고
그리운 강이 흐른다

연곡사에서

뜨락을 가꾼 청매
피아골에 휘느리고

나래치 듯 앉은 자리
미소 짓는 여운인데

노을 진 마음의 자리
선경으로 떠간다.

연꽃 서정

백련지 돌아보면
산새는 울어대고

탑 돌다 얹힌 마음
연등 한 촉 밝힌다

샛강에 물이 어리면
연잎 하나 띄운다.

오목대와 이목대

발원의 꿈 서린 벼랑
님의 뜻 품겼더니

삶이랑 떠는 물결
용트림 잔재였나

풍월을 읊는 세월이
인연 묻고 지나네.

왕궁 유적지에서

정토로 가는 길목
풍설에 떠는 그림자

영겁의 세월 감은
정결한 미소의 여유

물여울
한 겨울 늪
갈기 세운 자리다.

운문사의 소나무

하늘문 열어주랴
구름꽃 피워주랴

땅그림자 버티고
옹심으로 텃난 풍광

애증의 탑신을 본다
사리 하나 남은 자리.

운주 화암사

섶다리 두드릴 인연
합장 안의 설레임

시루봉의 우화루
주춧돌을 싸안고는

요사채 흐린 단청 사이
세월의 문턱 누가 넘나

불명산은 메아리져
선각으로 오르는데

암벽으로 타 오르는 것
꽃인가
물인가

물안개 훈훈한 체온 쌓아 얹은
빛이 곱다

위령비 앞에 서서

잊은 듯 님의 큰 뜻
목젖이 피멍 되었다

뼈아픈 절규던가
눈물로 지샌 산, 들, 강

돌무덤 배롱나무 밑
아직 남아 떨던가.

그날의 푸른 함성
자유의 날갯짓었다

서럽게 얼킨 이념
펀치볼을 넘나들면

푸른빛 지킨 산하가
피 빛으로 메아리 쳤다.

해안으로 스며 든 것
이름 없는 넋이여

낮달도 사연 안고
흰꽃 되어 머물었다

저 능선 뻐꾸기 울음
진혼가로 떠돈다.

해오름의 숨결일까
상생의 노래일까

얼싸 안은 붉은 눈시울
산, 들, 강 감치거니

피멍 진 무명의 큰 뜻
대답 없는 님이여.

회색의 창

옛 정에 끌리어 온
그림자 밟아 볼까

시샘의 바람 소리
후조가 나르는 소리

풀꽃이 처절한 채로
몸부림 쳐 오르랴

빈 둥지 아련한 정
파득이는 어미새

황량한 뜨락 마다
겨울 소리 담으랴

처연한 목숨까지도
환상이듯 접힌다

제5부

취향정

은파

또 올까
그렇게 마음의
울림였나

먼발치 가다보면
또 밀려오는 함성였나

자꾸만 붙잡고 싶은
은너울의 노래여.

은파호의 연가

목 난간 잡은 햇살
용트림의 은물결

별무리 환상일까
아이의 문답풀이

손잡은 물빛 자리에
백조의 꿈 펼치네.

이국정서 · 4
-본 다이비치

지중해 은빛 햇살
사금 펼친 해변인데

돌아 선 긴 그림자
암벽을 타오르면

파도는 바람 타고 와
푸른 너울 갇혔네.

인동초

미망의 떨던 세월
솔뿌리 옹이 지듯

갈숲에 얼킨 바람
흐느끼듯 날리는데

그 시절 혼절한 아픔
넋 사루고 울더라.

자운영꽃

땅심을 돋우면서
뜨락을 지피더니

가난도 대 물리고
어미는 풍습 젖어

봄 뜰에 부는 바람이
속앓이를 하고 있다.

장미꽃

청산은 사랑 놓고
무정의 세월 불러

산정의 이른 봄날
서리꽃 밀치더니

긴 밤의 침묵을 깨고
타는 가슴 열더라.

주목나무

살아서 천년 살고
죽어서 천년 산다

두 손 모우고서
그렇게 염을 한다

옛정에 못이겨 운다
설움 복받쳐 온다

누가 가르쳐주랴
사랑으로 지샌 자리

되돌려 감는 물레
인생살이 묻는 자리

저만치 나목 한그루
제 홀로 서서 떤다.

지리산 가는 길의 소나무

갈래 갈래 찢겨진 세월
적송으로 서 있다

오가는 정
아픈 역사
침묵 다졌다

솔향기 이랑너머로
너울대고 있었다.

직소 폭포

짓눌린 먹바위
아픔을 뒤로 하고

쏟아 내리는 물줄기
산그늘 따랐는데

흰 거품 뛰어 내린다
푸른 세월이 건너 간다.

능선을 넘나들면서
가슴 언저리
파고 든다.

삶의 목소리
여울지는 자리인데

바람이
청산에 살라

피고 지는
저 높이.

찔레꽃

하얀 미소
자잔히
떠는 넋이랴

꽃그늘 스친
여윈 바람
눈물 한 점이랴

그리움 초롱한 자리
사르는
빛떨기랴.

찻집에서

창가에 흘린 산빛
노을 꼬리 붙잡더니

들녘 씻는 가을바람
숲에서 울리더니

손끝에 사무친 옛정
차가웁게 떨더라.

청매화

하늬 바람 품안에
매화꽃 사연 하나

봄뜨락 꽃마중에
꿈 조각들 펼치면

물새가 강가를 돌며
사랑 찾아 나선다.

취향정

인연 얽힌 정화수
정갈한 설렘 두고

청아한 빛살무늬
숨결 돋은 소망 걸면

저 부용 맺은 잎새가
삶이랑 그을린다

풀빛 세상 속으로

한줄기
빛으로
감싸오는 아픔인데

미풍에
떠는 잎새
꺾이고 쓰러져도

물빛 위
나르는 꽃바람
누운 세월이 아련타.

하소 백련지

길바람 세월을 쓴다
홀로 손끝에 떤다

얼킨 멍에 끌듯
시름만 담금질한다.

팔정도 깨우치는 북소리
청하 가람에 물든다.

들녘을 누비고
정결한 꿈을 나르고

백련지에 머물련다.
숨결,
여기서 고르련다.

백련의 향기로 쓸다
선경을 거닐련다.

한벽청언

솟은 꿈 휘어 돌다
구름 한 점 머물렀다.

청운의 품은 뜻은
계류 속 허상인데.

요월대 땅거미 지네
억새 숲 향기 높네.

허수아비 유감

가버린 세월이사
야위어진 꿈을 둔다

새떼 쫓던 기억이사
회한에 무너지고

체념은 빠른가보다
춤사위로 떠돈다

호수의 봄

물푸레 나무 둘레
꽃안개 졸고 있다

봄 풀잎 나불대면
마른 잎새가 울고

저 바람 스친 눈자위
옛정마저 붉히네

산 그림자 쪽빛 향기
감싸오는 탑정호

봄 나래 여울진 꿈
풍경걸어 노래한다

배 한척 호수에 띄워
생의 하루를 낚는다.

| 작품해설 |

자연 변용의 이미지와 시적 특성

- 임완자 시조집 『금강 초롱꽃』

채수영 | 시인, 문학비평가

| 작품해설 |

자연 변용의 이미지와 시적 특성

- 임완자의 시조집 『금강 초롱꽃』

채 수 영 | 시인, 문학비평가

1. 시적 특성의 줄기

시가 곧 자연이라는 말은 인간이 곧 시가 된다는 의미와 같을 것이다. 왜냐하면 시를 제작하는 인간은 자연과 밀접한 상관을 유지하기 때문이다. 다시 말해서 자연은 인간의 원형을 보존하는 대상으로 시의 주요 모티브가 되어왔고, 또한 변함없는 지속성을 가지고 진행 할 것이다. 특히 시조는 자연을 육화하여 대상으로 바라보는 관점에서 항상 물질시(Physical poetry)의 가치를 내장하여 왔다. 심지어 윤리나 도덕 혹은 진리를 표현하기 위한 삶의 모든 대상을 전달하는 수단화로 자연을 끌어

들이는 기교는 시조에서는 주요한 표현의 가치 문제였다. 현대 시조는 형식에서 엄격한 정형의 틀은 유지하는 일면 내용에서는 과거와는 다른 --넓이를 확장해왔다. 다시 말해서 3장 6구의 패턴은 변함이 없을 지라도 시각적인 형태의 변화와 내용에서는 자연의 육화를 넘어 현대시의 영역에 접근하는 과감성을 보임으로써 시조의 새로운 맛을 창출하는 성과를 기억해야 할 것 같다.

임완자의 정서적인 특성은 우선 자연의 대상물을 소재로 하여, 변형(deformation)을 보임으로써 그의 시조는 푸른 냄새가 난다. 시조에 등장하는 이미지들은 위용이 큰 나무가 아니라 작은 풀꽃이거나 녹차꽃, 금강초롱, 민들레, 청매화, 들국화, 도라지꽃 혹은 달맞이꽃 등등 친숙한 이름들이 시의 대부분을 장악하고 있다. 더불어 물의 시--강이나 호수가 많이 등장하고, 절--산사의 풍경이 많은 빈도로 등장한다. 이런 현상을 종합하면 임완자의 정서에는 다이내믹하기보다는 정적靜的인 감수성이 지배하는 특성을 접하게 된다. 물론 시조의 리듬에 독특한 언어의 탄력과 절제미를 함축含蓄함으로써 시적 여백이 더욱 풍부함을 느낄 수도 있다.

2. 정신의 영토

1)정적(靜的)인 정서

시인은 자기만의 정서적인 영토를 갖는다. 다시 말해서 시인만의 체험에서 나온 특성이 어울려 개성의 용해를 이루게 된다. 다시 말해서 일정한 패턴을 유지하는 정서의 흐름이 사물과 마주함으로써 시인의 의식과 결합하여 시화詩化되는 과정을 거친다. 물론 한 편의 시에는 시인의 전 생애가 용해되었고 또 미래를 예견하는 구조물이 들어있기 마련이다. 그러나 시인은 항상 평범한 것을 물리치는 경향 때문에 고독한 보폭을 갖고 자기 정서의 숲에서 빠져나오기를 염원하는 이중성을 갖는다. 이는 낯설게 의식을 변장하면서 자신의 뜻에 새로운 포장을 위해 심혈을 경주한다. 모든 시인의 숙제는 이런 명제 앞에서 어떻게 자기를 담을 것인가에 시의 표정은 긴장하게 된다. 임완자의 정서는 언어의 탄력이 보다 정갈함에 있다. 이는 고즈넉하고 조용하지만 의미가 담겨있는 풍경으로 나타나는 특성이 유다르다.

등 잘린 거목인가
한 세월 앉았어라

먹바위 뛰넘는 늪
기원의 호심여라

외침만 무심하더니
굽이도는 산줄기

-「산사에서」

절집--뒤론 산이 둘러있고 나무들은 한세월의 키를 자랑하지만 결코 오만하지 않는 위용偉容으로 서있는 산사의 풍경이 보인다. 그런가하면 조용한 호수湖水엔 바람도 숨죽이는 정밀靜謐이 담겨있다. 외침의 '소리' 가 무성할지라도 이 소리는 안으로 잦아들어 결코 소란스럽지 않는 내밀의 공간이 있다. 이 공간에 서있는 절의 모습은 산뜻한 단청이 아니고, 퇴락頹落했을지라도 품위가 있는 정경情景일 때 '굽이도는 산줄기' 의 유장한 세월이 숨 쉬는 인상을 준다. 여기에 인간의 표정-- 깊고 조용한 산사에 서 있는 인간의 모습은 선량하고 착한 사람들의 모습이 오버 랩 된다.

눈가에 그렁한
목울음 삼키더니

구름과 바람이
동행하며 지피더니

목소리 토담을 넘어
다소곳 오시려나

-「능소화 그리움」에서

하루 중 조용한 그리고 꽃이 분주히 피지만 그 분주함을 느끼지 못하는 조용한 침잠沈潛이 보인다. 능소화가 핀 하루 중의 한 부분이 단편화를 이루면서 다가올 때, 숨소리조차 들리는 것 같은 풍경이 연출된다. 흐드러지게 핀 능소화의 분주한 모습--그러나 소리가 없는 아우성의 풍경이 '동행'과 '목소리'의 공감각성의 이미지가 교합된다. 이 복합적인 정경은 회화적인 미감美感을 자극하지만 그 대답은 정밀靜謐감의 이름에 국한되면서 그리움의 정서가 보일 듯이 보이지 않는 아슬한 풍경화가 된다.

「산사에서」와 「능소화의 그리움」은 시인의 정서를 단적으로 보여주는 시이지만 거의 모든 시조에서 임완자의 정서는 이렇게 조용하고 다정감을 유발하는 형태로 진행된다.

2)식물의 정서

임완자의 시는 많은 이름의 풀들이 시의 옷을 입고 있다. 이는 번다煩多하고 분주한 행동이 수반되는 것이 아니라 조용하고 편안한 정서가 특성을 이룬다. 다시 말해서 능동적인 것보다 수동적인 정서가 주로 작동하기 때문에 그의 시에는 물과 같은 속성의 이미지가 다가온다. 이는 스미듯 어느새 가슴을 적시는 순간 모든 의식은 물에 젖어 동화되는 양상으로 변모된다. 이 일체화는 새로운 세상을 창조하는 시인의 임무가 달성되었음을 의미한다. 때문에 시는 다시 승화되는 높이로 감동을 잉태하게 된다. 이런 무아경의 감동은 곧 도취를 의미하면서 시의 가치를 높이로 고양하는 특성을 갖게 된다. 임완자의 시적 정서는 지극히 조용하지만 안으로는 많은 함축미를 느끼게 된다는 점이다.

하늬바람 품안에
매화꽃 사연 하나

봄뜨락 꽃마중에
꿈 조각들 펼치면

물새가 강가를 돌며
사랑 찾아 나선다.

-「청매화」

매화는 시린 겨울을 지나 봄의 입구에서 꽃을 만든다. 아울러 향기는 고귀한 이미지를 내장하면서 공중으로 부양浮揚하는 높이의 개념을 창출한다. 높이는 인간에게 선망의 이름이었고, 미지未知의 공간을 찾아나서는 탐험의 이름이었다. 즉, 인간의 탐험은 미지로 향하는 땅에서 시작했고, 이런 일이 어느 수순을 지나면 인간이 사는 땅에서 공중의 달이나 더 높이로 지향하는 마음을 갖게 되었다. 인간은 정지에서 이동을 꿈꾸는 역사이기 때문에 보이는 공간에서 보이지 않는 공간으로의 이동을 실행하는 것이 탐험의 역사이었기 때문이다.

지상의 매화를 예로하면--꽃이 없는 나무에서 실체인 꽃의 아름다움이 나타나고 다시 매화는 고귀한 향기로 변신을 이루고, 다시 꿈을 향하고, 또 꿈은 사랑이라는 지고至高한 단계로 이동한다. 이를 다시 점검하면 나무라는 형태에서 꽃--꿈--사랑의 진전을 나타낸다. 이를 달성하기 위해서는 유동의 이미지인 물(강)의 이동을 통해 '사랑을 찾아 나선다' 는 적극적인 행동이 수반되는 점을 유의하게 된다.

deformation은 변화 혹은 변형의 이름이다. 시는 대상을 포착하여 다시 새로운 변화로 나타날 때 비로소 시인의 의도를 간파하게 된다. 다음 시조는 그런 예를 보여준다.

별자리 찾아 헤매다
바람결에 스친 향기

열대야도 사위었네

달빛 안은 풀잎새

밤풍경 터지는 꽃술
노래로 맺은 이슬여.

-「달맞이 꽃 · 1」

변용은 시를 신선함으로 포장하는 기교이다. 이를 달성하기 위해서는 비유라는 장치와 시적 특성을 포착하는 일이 시인의 주된 임무가 된다. 시의 무드는 밤으로 설정되었다. '별자리'와 '향기'가 어울려 상승하는 효과를 기대하면서 여름밤의 더위를 잦아들게 하는 시사점에 이르면서 '꽃술'의 무수한 향기를 예비한 암시가 '노래'와 '이슬'이라는 이미지로 고착된다. 다시 말해서 별과 향기는 천상의 이미지라면 '풀잎새'와 '이슬'은 지상의 이미지-- 이 둘의 이미지가 서로 결합할 때, '노래'로 이어지는 홍취는 시의 분위기를 생동감으로 변화시킨다.

이런 변화는 '밤풍경'에 터지는 요란-- 축제의 상징을 수반한다. 결국 지상의 이미지와 천상의 이미지가 결합하여 연출하는 분위기는 홍겨운 축제의 장면으로 이어질 때, 시인이 머무는 공간에서의 아름다움은 별과 꽃의 향기가 고귀한 정서로 남게 된다. 즉, 시적 여운의 어떤 풍경--풍경화로 남는 조용한 모습이 다가온다. 이런 기교는 시인의 모습과 겹치는데서 일체화를 이룬 의식의 경치가 된다.

선운사 바람 분다
녹차밭 향기 나르랴

푸른 꿈 돋아난 삶
뜨락을 키우는데

꽃빛이 나부끼는가
뜰을 쓸고 있어라

-「녹차꽃」

앞에서 서술한 시들과 유사한 패턴을 유지하지만 그 방법은 약간 다르다. 시의 중심 모티브가 바람으로 이해된다. 절을 휘돌아 나오는 바람이 녹차밭 향기를 나르느라 분주한 형태라면, '푸른 꿈'을 키우기 위해 풍성한 뜨락에 바람이 쓸고 가는 묘사가 요란스럽지 않고 조용한 파문을 의식하기 때문이다. 그러나 요란스럽지 않는 풍경 속에 또 하나의 조용한 정경이 비춰지는 --액자額子 기법을 만나게 된다.

식물 정서를 시의 모티브로 사용하는 시인의 경우는 대부분 정적靜的이고 내성적인 성품의 경우가 흔하다면 임완자의 경우도 이런 유추가 가능할 것 같다. 왜냐하면 100여 편의 시조 중에 식물정서가 대부분의 분량을 차지하고 있기 때문이다.

3)물 혹은 강의 이미지

물의 원형은 생명현상과 일치한다. 다시 말해서 물은 피와 같고 이는 생명의 원천을 이루는 점에서 호수나 강 혹은 바다도 이런 이미지군에 소속된다. 물론 임시인의 물의 이미지는 크고 거친 바다의 이미지가 아니라 조용하고 아늑한 강이나 호수를 연상한다. 마치 숲속에 잠자고 있는 호수 혹은 작은 줄기를 이어가면서 산천을 돌아가는 실강(江)을 느끼는 정서라는 의미이다. 「호수의 봄」, 「적벽 강에서」, 「은파호의 연가」, 「시샘의 강」, 「섬진강」, 「적벽강」, 「고향의 강」, 「만경강 어귀에서」, 「망해사의 느릅목」 등의 시는 직접적인 강의 이미지나 혹은 간접이미지의 강이 등장한다.

강의 상징이 시의 특성으로 용해되면, 시의 표정은 부드럽게 나타난다. 예를 들면 도시의 칼칼한 바람을 맞고 살아가면 그 모습도 자연 칼칼한 모습으로 화하는 것 같이 환경의 요소가 작용하는 것은 시와 사람과 다름이 없기 때문이다. 이런 분위기의 요소가 배합하여 시인의 정신을 이루는 뼈가 되기도 하고, 시로 형상화되어 나타나기도 한다. 임시인의 경우는 소도시 혹은 전원의 풍경 속에서 시심詩心을 형성한 인상을 준다.

시절은 밀려 와
발자국만 남긴 채

세월에 부딪쳐
잉태하는 신음인데

전설로 풀어낸 꿈이
소용돌인가
떨림인가.

생의 굴곡이 묻혀
앙금처럼 다져진다

꿈자락 끝
등선으로 피는 땀방울인데

가슴속 묻힌 눈물이
물결치듯 홀로 운다

-「적벽강에서」

강은 흐름을 다시 흐름으로 이어가면서 생의 유장함을 상징한다. 이런 정서는 언제나 끈질긴 시련의 세월을 건널 수 있는 에너지를 대동하고 꿈을 피우려 한다. 첫

연에서는 세월의 시련 속에서 꿈이 어떤 경로를 통해 탄생하는 가를 암시한다. 즉 꿈은 세월이라는 시간과 공간에서 어떤 시련을 딛고 세상의 빛을 향하는 가에 대한 출발의 의미를 공유한다. '부딪치고' 의 아픔과 고통을 지불하고서야 '저 너머의 꿈' 을 맞이할 수 있기 때문이다. 그러나 꿈을 맞아들이는 일은 쉽지 않음을 '등선으로 피는 땀방울' 이라는 전제에서 느낄 수 있다. 이런 전제를 통과한 다음 비로소 덧없는 '꿈' 을 바라볼 수 있음을 직시하게 된다. 이 모든 절차가 이루어지는 공간은 강이라는 흐름을 통해서 가능해진다.

강은 모든 것을 용해하면서 흐름으로 풀어낸다. 즐거움이거나 슬픔 혹은 고독의 긴 그림자라 할지라도 강에 이르면 결국 용해의 운명을 받아들이게 된다. 그러나 강의 임무는 어딘가로 가는 길을 재촉하는 점에서 유동적인 생명의 의미가 더해진다.

유년의 강바람
나무 끝에 머물렀다

멱감던 동심의 추억
꿈들이 아스라하다

그 물길 기다림없이
고향의 강나루 탄다

-「고향의 강」

실제의 강물이 흐르는 것이 아니고 시인의 의식 속에서 찾아가는 생각을 강에 의탁한 작품이다. 그러나 추억은 꿈을 불러오고, 꿈은 다시 고향의 그리움을 만나는 길을 제공하고 있다. 이런 상관은 유동의 정서를 통해 시인의 의도를 달성하는 이미지를 부가하고 있기 때문에 고향에 이르는 강의 심상이 뚜렷하게 부각된다. 〈시샘의 강〉도 이런 형태로 시적 의미를 전개한다. 다시 말해서 시인의 의식을 통해 이동의 정서를 옮기는 형태로 강의 시어를 선택한 뜻이다. 시인의 정서는 대상의 이미지를 통해 상상력을 발휘하는 여정이 화려해야 한다면 상상력은 시의 원천으로 작용하기 때문이다.

목 난간 잡은 햇살
용트림의 은물결

별무리 환상일까
아이의 문답풀이

손잡은 물빛 자리에
백조의 꿈 펼치네.

-「은파호의 연가」

은파호라는 명칭이 실재의 이름인지 아니면 은파라는 물결의 명칭인지는 모른다. 그러나 호湖라는 이름이 작은 물이 담겨진 공간을 의미하는 것 같다. 역시 물결에 햇살이 파문을 일렁이고 여기에 별이 뜨는 상상의 여정이 보인다. 이런 여정의 종착은 '물빛 자리에' 백조의 '꿈' 이라는 지향의 이미지가 드러나는 형식을 갖추고 있다. 결국 사랑과 꿈이라는 이미지가 등가等價를 이루면서 고귀성을 강조하는 결말로 유도 된다. 임완자의 물 이미지는 꿈과 사랑이라는 이미지가 한데 어울리는 화합의 결말을 보고 싶어 하는 뜻이 보인다.

4) 산사山寺의 풍경

임시인의 시조는 산사의 이름이 많이 등장한다. 「망해사의 느릅목」과 「산사에서」, 「운문사의 소나무」, 「운주 화암사」, 「연곡사에서」, 「무량사에서」, 「선암사의 복사꽃」, 「선운사 뜰」 등 절의 이미지를 시화한 작품들이 많다. 연꽃을 더하면 불교적인 이미지가 많은 편--이는 그의 시심詩心이 정적靜的인 것과 유관하고 편안한 이미지가 많은 것도 이런 정신의 깊이와 상관이 있는 것 같다. 시는 시인이 살고 있는 환경을 흡수하여 그의 정신을 이루는 요소로 작용하기 때문이다. 시장에서 살면 시장의 소리가 들리고, 산에서 살면 산사의 바람이 들려오는 것과는 상관이 있기 때문이다.

대체로 산사 주변에는 풍광이 수려하고 더불어 거목들이 자란다. 그만큼 오랜 세월 동안 불교의 정서가 우리를 지배해왔음을 의미하는 일이지만, 절에서는 마음의 안정을 찾을만큼 주변이 포근한 이유도 있을 것이다.

불가佛家에서는 인연을 중시한다. 모든 생명체는 결국 인연이라는 줄기를 따라 영생의 길을 만들고 있음을 알면 내 삶의 소중한 의미를 터득하는 길이 열리는 것을 알게 된다. 왜냐하면 불심의 바탕은 자기 발견 혹은 자기 깨달음에 있지 타인에게 간섭하고 명령하는 종교가 아니기 때문이다.

선암사 풍경소리
복사꽃으로 하늘댄다

겹겹이 포갠 입술
꽃가루 흩날리면

바람은
저 홀로 떠돌다
봄소식을 엮는다.

- 「선암사의 복사꽃」

풍경소리는 땅과 하늘 즉 우주의 모든 만물의 깨우침을 위한 소리라면 이 소리를 통해 지상의 생물이나 하늘을 날으는 새들조차 평화를 누리는 길이 열리게 된다. 풍경소리에서 '복사꽃'의 화려한 문이 열리고 생명의 전파를 의미하는 꽃가루가 흩날리면 세상은 다시 가득해지는 평화의 기운이 펄럭인다. 이를 매개로하는 일은 바람에 의해서 봄의 개화開花 혹은 소식을 전달하기 때문에 지상에는 아름다움이 가득해지는 꿈이 이루어질 수 있을 뿐만 아니라 무릉도원의 의미가 구현되는 일이 된다. 이를 시작으로 알리는 일은 산사의 풍경소리로 길이 열리고 다시 세상을 감싸는 구체적인 증거가 봄날의 꽃과 향기로 가득 채우게 된다.

5) 그리움의 깃발

세상은 눈으로 보이는 것과 보이지 않는 것의 세계가 있다. 보이는 것은 보이지 않는 세계의 뒷받침이 있기 때문에 가능하고 이런 되풀이는 윤회의 바퀴를 굴리면서 영원한 길이 진행된다. 그렇기 때문에 보는 것과 안 보이는 것은 모두 하나의 굴레 속에 상호 보완하면서 이루어지는 조화의 세계라야 한다. 그리움은 보이는 세계가 아닌 미지의 세계를 동경하는 마음이기 때문에 항상 아련함으로 나타난다.

그리움은 내면으로 강을 만들어 어딘가 지향 없는 공간으로 향하려는 마음이기에 항상 비어있음을 감지하고 그 공간을 채우려는 뜻으로 길이 설정된다. 「나목의 그림자」는 바람의 힘에 의지하려는 뜻이 들어있고 「그리움의 연가」는 안으로 흐르는 강물을 따르려는 발심이 있고, 비슷한 이미지를 담고 있는 「그리움 남겨두고」, 그리움의 뜨락을 소요하는 「비가」 등은 그리움의 변형이 시인의 정서를 채운 작품들이다.

모든 생명체는 어딘가로 이동하려는 발상을 가지고 있기 때문에 미지로 향하는 그리움--마음의 소슬함을 느낄 수 있는 작품들이다. 바람과 비가 주요한 정서의 이동매체이기에 눈으로는 보이지 않지만 시인의 의식을 이동해주는 기능을 하는 것은 분명한 일이 된다.

풀빛마다 지샌 자리
인정이 따로 논다

갈잎에 스친 바람
시름 얹어 떨고는

빗날에 오가는 풍경
그리운 강 흐른다.

-「그리움의 연가」

사랑의 마음은 인간의 내면에서 일어나는 추상적인 개념일지라도 고귀하고 깨끗함을 포장하여 대상에게 이르기를 바라는 순수한 마음의 뜻이 담겨있다. 이 뜻은 항상 내 것이 아니라 대상을 위해 곱게 간직되는 의도가 훼손되지 않기를 염원하는 것이기 때문에 지고至高한 이미지로 작동된다. 즉 연가戀歌의 마음이 포장되는 이면에는 지고지순의 염원이 내장되는 점이다. 마음의 강이 흐르고 이 강을 통해 전달되기를 바라는 순수성은 인간이 건져 올린 아름다움과 상통해진다는 뜻이다.

기억의 강 저편에
그대마저 떠나가고

가슴엔 그리움의
흔적이 쌓였는데

봄꽃에 눌린 설움이
청솔에도 결렸다

-「그리움 남겨두고」

그리움이 깊어지면 서러운 눈물과 길이 같아진다. 다시 말해서 순수를 강화하면 그 것의 증거는 눈물로 화한다. 이 눈물은 서러움이 아니라 기쁨의 정화淨化일 것이고 이를 통해 진실의 의미가 다가온다. '봄꽃에 눌린 설움' 에서의 설움은 서러움이 아니라 기쁨이 응축이고 이 응축을 통해 그리움의 순수성을 지키려하는 마음이기에 투명하게 나타난다. 더구나 청솔에 걸리는 깨끗함은 아름다움의 풍경--그런 정경이 서러이 다가온다.

초가삼간
들러 앉힌
돌담길 사이였다

봄바람이 맴돌면
억겁의 세월 뜨고

이끼가 처연스럽게
무심을 불러 날랐다

가냘픈 어깨마져
추스림도
버거움도,

싸리문 밖
초롱불 밝힌
눈 먼 기다림

오누이 혼으로 돋은
초롱꽃을 보러간다.

-「금강 초롱꽃」

기다림은 그리움이고 이 그리움을 사물에 의탁할 때엔 비유의 생동감이 살아난다. 꽃이 종鐘 모양을 닮았다

하여 종꽃이라는 이름이 붙은 또는 산소채, 풍령초라 불리는 꽃을 두고 '눈먼 기다림' 을 만나러가는 길에 불 밝힌 꽃들의 영접을 받는 환희歡喜가 일렁인다. 깊고 깊은 심산유곡深山幽谷의 꽃이 아니라 산야지 낮은 곳의 길가이거나 초원이나 숲의 가장자리 혹은 높은 산에 걸쳐 자생하는 종꽃의 이미지-- 홍자색 혹은 흰 꽃의 아름다움이 종소리의 깊이로 울려온다. 이는 가슴을 울리는 기다림의 뜻이 조용하고 다감하게 그리움으로 변하는 모습이 은근하기 때문일 것이다. 세상을 향하여 작은 종소리를 울리려는 시인의 마음이 꽃으로 화하여 웃고 있는 모습-- 그러나 수줍고 작지만 향기를 간직한 인상을 준다.

3. 나가면서

시는 시인의 정신의 에센스를 모아 아름다움을 표출하는 일면 그 아름다움을 환희와 기쁨으로 승화하려는-- 독자를 향한 메시지이다. 시인의 개성에 따라 큰 메시지가 있는가하면 더러는 작고 의미 깊은 뜻이 감동을 줄 수도 있다. 임완자의 시조에는 자연의 소리가 풍성하고 여기엔 미적 승화를 위해 헌신하는 시인의 시적 기교가 탄력을 받아서 살아나는 것 같은 자연을 재생한다. 더불어 다이내믹하기 보다는 안온하고 정적靜的인데서 작은 미소처럼 반짝인다. 화려함보다는 검소하고 질박質朴한

묘미에서 시의 깊이가 내장되었다. 식물정서가 주조를 이루었고 강이나 호수가 조용한 의식에 물살을 일렁이게 한다. 이런 기조에서 산사의 풍경소리가 은은하게 울려올 때, 임완자의 시조에는 그리움의 파문이 섬세하게 파장을 탄다. 이 모든 의미를 일체화로 묶으면, 따스하고 포근한 꽃들의 향기가 스미듯 다가오는 그런 시인--임완자는 그런 시조시인이다. ▪